DOCUMENTS

RELATIFS A

L'APPLICATION DE L'HÉLICE

A LA NAVIGATION A VAPEUR

PAR FRÉDÉRIC SAUVAGE

L'intelligente application de l'hélice à la navigation à vapeur, par Frédéric Sauvage, rencontra dès le début, comme la plupart des innovations, des obstacles inouïs. Ce que Sauvage eut à souffrir de déceptions, de mécomptes ; les embarras que lui suscitèrent de toutes parts l'envie, l'intrigue, l'ignorance, forment une triste période de quinze années.

Aujourd'hui que la supériorité de l'hélice est incontestablement reconnue, alors surtout que personne ne songe plus à lui contester ses précieux avantages, il n'est pas sans intérêt de rappeler les débuts de cette ingénieuse application et d'initier le public aux circonstances qui les ont accompagnés.

La série de documents que nous mettons au jour renferme d'utiles enseignements et de curieuses révélations. Nous n'avons point cherché à coordonner ces documents pour former un tout homogène et leur donner plus d'attraits ; nous les avons publiés tout simplement par ordre de dates. Ils sont assez intéressants par eux-mêmes, et les faits parlent assez haut pour frapper l'esprit du lecteur, sans qu'il soit besoin de recourir à aucun artifice.

P. SAUVAGE.

Abbeville, 20 octobre 1855.

HÉLICE DE FRÉDÉRIC SAUVAGE,

DE BOULOGNE-SUR-MER,

ou

Nouveau Mécanisme à substituer aux Roues des Bâtiments à vapeur,

Qui permettra de les faire marcher
avec plus de vitesse et avec une force motrice moins considérable que celle actuellement employée.

—

Les bâtiments à vapeur, dans l'état de perfection où ils sont arrivés, laissent encore beaucoup à désirer sous le rapport du mécanisme extérieur qui sert à leur manœuvre.

Une grande partie de la force motrice est perdue dans l'action des roues, par des chocs considérables et le soulèvement d'une grande masse d'eau. La force nécessaire à vaincre ces résistances peut être facilement évaluée, et pour l'obtenir exactement il suffirait de comparer le pouvoir de la machine à vapeur à celui du nombre de chevaux capable d'imprimer et de continuer au bâtiment la même vitesse pendant un temps déterminé. Cette perte de force a été reconnue par les constructeurs, et ils ont fait des efforts infructueux jusqu'à présent pour la diminuer. Ils ont, en effet, varié la forme des aubes, ainsi que les moyens de les adapter aux roues. Ils n'ont employé qu'une seule roue, qu'ils ont placée au milieu du bâtiment; mais le système des deux roues est resté en vigueur malgré ses défectuosités.

Pour arriver à un perfectionnement remarquable dans la disposition extérieure du mécanisme des bateaux à vapeur, il était peut-être nécessaire d'abandonner les roues à aubes, et de chercher d'autres moyens de transmission du mouvement; c'est ce qu'a tenté avec succès M. Frédéric Sauvage, ancien constructeur de navires à Boulogne-sur-Mer, et les essais qu'il a faits justifient ses prévisions.

Sur un petit bateau de 271 millimètres (10 pouces) de longueur de tête en tête, 108 millimètres (4 pouces) de largeur, et 68 millimètres (2 pouces 6 lignes) de creux, et tirant 63 millimètres (2 pouces 4 lignes) d'eau, il a successivement appliqué les roues actuellement en usage, dans les proportions convenables à la grandeur du bateau et le mécanisme de son invention; puis, au moyen d'un appareil approprié à l'expérience, il a fait mouvoir la petite embarcation dans un canal artificiel d'une longueur suffisante à son objet.

Le bateau, tout gréé, pesait 545 grammes et déplaçait 544,61 centimètres cubes (27 pouces cubes, 46 centimètres) d'eau; et il fut mis en mouvement d'abord avec les roues à aubes et au moyen d'un poids de 19 grammes, appliqué à l'axe des roues: il parcourut moyennement, en une minute, 2 mètres 362 millimètres (7 pieds 3 pouces 3 lignes); les roues enlevées et remplacées par le nouveau mécanisme, le bateau, chargé de même et mu par le même poids, parcourut aussi moyennement, en une minute,

7 mètres 244 millimètres (22 pieds 3 pouces 7 lignes), d'où il résulte une vitesse trois fois plus grande [1].

Cette marche supérieure du bateau est bien digne de fixer l'attention des constructeurs, car elle n'est nullement exagérée, et l'on peut affirmer qu'elle est au-dessous du chiffre donné par d'autres expériences ; mais comme elle suffit pour l'appréciation de l'excellence de l'invention, on s'en tient aux données fixées ci-dessus pour établir le rapport des vitesses obtenues par l'application successive d'une même force aux deux machines mises en comparaison.

Le nouveau mécanisme est d'une grande simplicité ; il est entièrement immergé dans l'eau, et peut être placé sous la coulée du bâtiment, de manière à présenter moins de saillie extérieure ; il n'est donc sujet à aucune des avaries auxquelles sont exposées les roues actuelles ; il n'a point non plus l'inconvénient de tourner dans le *vide* comme les roues des bâtiments qui naviguent à la mer par les gros temps, et il peut s'appliquer à toutes les petites embarcations, dans lesquelles il suffira d'un seul homme ou même d'un mousse pour les faire mouvoir d'une manière très-avantageuse.

L'invention de M. Frédéric Sauvage paraît donc devoir être féconde en heureux résultats, et il est à désirer qu'il la fasse connaître dans tous ses détails ; et comme ce nouveau mécanisme peut être adapté aux bâtiments à vapeur actuels sans de grandes dépenses, on ne doute point qu'une expérience décisive ne soit bientôt faite par des particuliers ou par le gouvernement qui a, aussi bien que l'industrie particulière, un grand intérêt au perfectionnement de la navigation par la vapeur.

Nous soussignés, sur l'invitation de M. Frédéric Sauvage, avons assisté aux expériences ci-dessus rapportées, et nous en attestons le rapport qui en est fait sincère dans tout son contenu. Nous engageons ce constructeur, aussi modeste que méritant, à faire connaître sa découverte dans l'intérêt de la science, de l'industrie et dans son intérêt particulier.

A Boulogne-sur-Mer, le 15 janvier 1832.

Signé MARGUET, ingénieur en chef au corps royal des ponts-et-
    chaussées ;

AL. ADAM, maire de Boulogne ;

GAILLON, receveur principal des douanes, membre de plusieurs sociétés savantes ;

LEDUCQ,
C. BONNET, } membres de la société d'agriculture, du
DUTERTRE-YVART, commerce et des arts de Boulogne ;

SAUVAGET, capitaine d'artillerie, capitaine au long cours et officier de la Légion-d'Honneur ;

LEGRIX, professeur de marine ;

POLLET, lieutenant de port ;

[1] On conçoit que cette différence doit diminuer en raison réciproque de l'accroissement du diamètre donné à la roue.

PAMART, membre de la chambre de commerce, président de
ce même tribunal ;

ZYLOFF, lieutenant de vaisseau, membre de la Légion-
d'Honneur ;

TANQUERAY, capitaine au long cours.

N. B. — M. Brunel lui-même, qui, au début, mettait les roues bien au-
dessus de tout autre moyen propulseur, M. Brunel, disons-nous, s'incline aujourd'hui devant l'incontestable supériorité de l'hélice.

REVUE DE L'ARCHITECTURE ET DES TRAVAUX PUBLICS (1853).

*Extrait du Rapport de M. Labrousse, envoyé en Angleterre par le
Ministre de la marine pour examiner les bateaux à hélice.*

Une occasion s'était présentée pour la France de faire, la première, l'application de l'hélice aux bâtiments à vapeur, et ce fut
M. Frédéric Sauvage qui la fit naître. Cet habile mécanicien,
constructeur de navires à Boulogne, maniait la goudille avec
une telle habileté, qu'il imprimait seul, par ce moyen, une
vitesse plus grande à une embarcation que celle qu'elle pouvait
recevoir de deux rameurs ; en réfléchissant aux moyens d'appliquer aux bâtiments à vapeur un système de propulsion ana-
logue, il songea à l'hélice, et prit, en 1832, un brevet d'invention. Depuis cette époque jusqu'aux essais de l'*Archimède*, M. Sauvage n'avait reculé devant aucune démarche, aucun sacrifice
pour faire prévaloir ses idées auprès du gouvernement et des
particuliers. Les journaux s'en occupèrent, et M. Sauvage prit
même, en Angleterre, un *caveat* qui finit par ne plus être re-
nouvelé.

M. Smith, qui a appliqué l'hélice pleine sur l'*Archimède*, ne
fut breveté qu'en 1836. Nous ne prétendons pas dire que
M. Smith, qui a habité Boulogne, se soit emparé des idées de
M. Sauvage, bien qu'elles eussent été, antérieurement à l'ex-
position de celles de Smith, exposées dans plusieurs journaux
de Paris et des départements ; mais nous devons cependant
faire une observation assez curieuse à cet égard : M. Sauvage
annonçait que l'hélice, selon lui, la plus avantageuse, devait
avoir une longueur égale à son diamètre et un angle de 45°. Or,
pour une telle hélice, cet angle de 45° n'est ni l'angle extrême,
ni l'angle milieu, ni l'angle moyen des efforts ; on conçoit bien
que M. Sauvage, qui était préoccupé de l'effet de la goudille
qui est le plus efficace sous cet angle, se soit servi d'une telle
expression sans y réfléchir ; mais on est étonné de la retrouver
littéralement chez M. Smith. (Voir, dans la *Revue de l'Architecture*,
le rapport du capitaine Chapell, col. 237, vol. 11, col. 395.)

Quoi qu'il en soit, il nous a semblé de toute justice, en ne
considérant même que les dates des brevets de MM. Sauvage
et Smith, de donner à l'*hélice pleine* le nom d'hélice Sauvage,
comme nous donnerons à la vis évidée celui de vis Delisle ;
nous espérons que ces dénominations prévaudront même chez
les étrangers, lorsque la vérité des faits sera plus généralement
connue.

COMPTE-RENDU DES ESSAIS ET EXPÉRIENCES

POUR REMPLACER LES ROUES A AUBES PAR LES HÉLICES,

Par Frédéric Sauvage.

C'est en 1831 que je fis mes premières expériences avec les hélices pour remplacer les roues des bateaux à vapeur. En 1832 je pris un brevet de 15 ans, je fis part de ma découverte au Ministre de la marine qui l'accueillit favorablement, et qui nomma une commission pour examiner un canot de 17 pieds que j'avais fait faire à Paris, et qui était armé d'une seule hélice. Le vice-amiral Alghan fut désigné par le Ministre pour présider à mes expériences, qui devaient avoir lieu sur le canal de l'Ourcq, suivant l'intention du ministre. Je vis M. Alghan que je trouvai disposé à me seconder. Tout allait bien jusqu'alors; mais le jour même que devait avoir lieu l'expérience, un employé du ministère de la marine vint me dire que le Ministre s'était trompé en désignant le vice-amiral Alghan, et que la commission devait être présidée par l'amiral Willaumez, accompagné de M. Lamorinière. Je me rendis donc au canal de l'Ourcq à l'heure indiquée, et nous fîmes l'expérience qui, quoique satisfaisante, n'attira l'attention d'aucun membre de la commission, ce qui me fit comprendre que j'avais affaire à des gens plus portés à s'acquitter d'une corvée qu'à rendre hommage à la vérité.

Cependant les bonnes intentions que m'avait témoignées le Ministre me laissèrent encore l'espoir d'arriver à mon but. Quelques démarches déterminèrent le Ministre à m'envoyer une nouvelle commission composée de ses aides-de-camp; ma nouvelle expérience fut accueillie plus favorablement que la précédente; j'espérais toujours un rapport favorable qui eût déterminé le gouvernement à faire une application sur un de ses bâtiments. Le désappointement que m'avait causé la première commission et l'espérance que m'avait donnée la seconde, me laissèrent pendant longtemps dans un état d'incertitude, puis une lettre du Ministre m'informa que la commission était convaincue que l'application en grand de mon système ne pouvait être adoptée, que des expériences en grand avaient été faites aux États-Unis, et qu'il était démontré que ce principe était impuissant sur une grande échelle.

Je pris la résolution de quitter Paris et d'aller au Havre réclamer l'attention du commerce. Je partis avec mon bateau, mes expériences produisirent l'effet que j'en attendais, et je reçus généralement les applaudissements des personnes les plus instruites de ce port; mais bientôt le bruit se répandit que le Ministre de la marine avait réfuté mon procédé, ce qui me détermina à acheter un ancien bateau de pêche, sur lequel je fis une application qui produisit un effet que je croyais suffisant pour démontrer les rapports entre une embarcation et un bâtiment de

15 à 20 tonneaux. Mon canot n'avait besoin que d'un homme pour lui imprimer la vitesse de deux rames. Le mécanisme de mon bateau de pêche, mû par le poids de quatre hommes, produisit d'abord l'effet qu'avait produit mon canot. (Voir le *Journal du Havre*.)

Mais encore une fois, la chronique répandit le bruit que les hélices qui produisaient un bon effet, étant mues par des hommes, n'étaient pas susceptibles de procurer les mêmes résultats avec l'application de la vapeur ; les raisonnements les plus plausibles et les plus clairs ne pouvaient dissiper l'erreur dans laquelle était le public ; le gouvernement avait condamné mon système et je n'avais plus rien à espérer du commerce.

Je fus à Honfleur, je fis construire un bateau de 60 tonneaux, destiné au passage du Havre à Honfleur avec une machine à vapeur de 8 à 10 chevaux. Cette machine devait m'être fournie par une société qui devait participer à l'exploitation précitée : le bateau fut terminé, la machine ne fut pas livrée, et je me trouvai dans la triste nécessité d'avoir recours au poids de huit hommes, non pour suppléer à la machine de dix chevaux, mais pour démontrer l'avantage qu'on obtiendrait avec une puissance dix fois plus grande. Le bateau se rendit au Havre avec une vitesse moindre que mon bateau de pêche qui avait fait le même trajet. Ce dernier tirait 30 pouces d'eau, et l'autre 4 pieds et demi, il avait 5 pieds de plus de bau. Je ne pouvais employer plus de huit hommes sans déranger l'installation intérieure disposée pour la machine à vapeur. Plusieurs projets se sont formés pour donner suite à cette affaire, mais toujours la première impression les fit évanouir.

En 1832 mon système se trouvait en concurrence avec celui de M. Peletan qui détermina le gouvernement à des expériences faites à Cherbourg et qui occasionnèrent une dépense excessive pendant deux ans. On obtint la certitude de ce que tout homme raisonnable pouvait pressentir ; aussitôt la chute, j'appris que le Ministre de la marine, M. Derigny, avait témoigné le regret qu'on n'eût pas examiné plus complétement mon système.

En apprenant la chute complète du système Peletan, je me décidai à retourner à Paris ; mais M. Derigny n'existait plus, et les ennemis des hélices étaient alors au pouvoir. Je crus devoir m'adresser au commerce plutôt qu'au gouvernement ; M. de Rotrou, le directeur de la navigation de la haute Seine, qui avait entendu parler de mon procédé, désira le faire examiner afin de l'adopter pour des remorqueurs ; tout ce que j'avais fait jusqu'alors n'était que pour la mer et ne pouvait convenir pour les basses eaux. J'allai m'installer à Saint-Cloud, où je fis construire un bateau modèle en deux sections et de 15 pieds de longueur. Mon bateau terminé, je revins avec à Paris, et je fis de nouvelles expériences qui furent accueillies de la manière la plus satisfaisante. Quelques observations mal fondées firent désirer un autre bateau plus grand pour expériences comparatives. Je fis faire à la Rapée un bateau de 35 pieds, dimension qui m'était prescrite, toujours dans les mêmes conditions que celui de 15 pieds. Le bateau terminé et sur le point de recevoir le mécanisme, on prétendit que la différence de 15 à 35 pieds n'était pas suffisante pour le but qu'on se proposait. Je fus donc forcé d'en faire un de 60 pieds, et toujours à mes frais : je dus me soumettre à cette demande pour ne pas renoncer à l'entreprise projetée ; enfin je me déterminai à ce dernier effort.

Le bateau terminé eut le même succès que les autres, et rien, suivant l'apparence, ne laissait hésiter sur la bonté du système ; alors les pourparlers s'engagèrent sur les conditions des intérêts dans cette nouvelle entreprise. Je profitai de la circonstance pour arriver près du Roi avec mon bateau pour lequel je n'avais rien négligé. Je fus trouver M. Montesquiou, aide-de-camp de Sa Majesté, pour l'inviter à faire une promenade sur la Seine, je fus informé le lendemain matin que Sa Majesté avait invité quelques personnages de la cour à visiter mon bateau ; ces messieurs furent précédés par l'amiral Willaumez qui vint me trouver et me dire que ce qui s'était passé en 1832 n'avait pas dépendu de lui, et il fut convenu qu'il ne serait pas question du passé. Dans le temps de l'examen auquel j'étais préparé l'amiral me fit une seconde visite avec prière de faire une nouvelle excursion que j'entrepris avec plaisir.

Il fut convenu de conduire le bateau à Neuilly aussitôt l'arrivée du Roi ; l'accouchement de la duchesse d'Orléans apporta un retard à cet examen ; l'amiral Willaumez me fit savoir qu'il devait faire une tournée et que l'affaire serait remise à son retour. Six semaines se passèrent, l'amiral revint, et je le trouvai aussi froid pour les hélices qu'il était chaud lors de son départ. Mes bateaux sont à Neuilly depuis cette époque ; vainement j'ai tenté l'accomplissement du but dans lequel je les y conduisis.

Je ne recueillis que le conseil de m'adresser au ministère de la marine, ce que je fis l'année dernière. Une nouvelle commission fut nommée, on fit un rapport qui ne fit pas faire un pas ; mais l'application en Angleterre a fini par ouvrir les yeux au gouvernement français, qui s'est déterminé à faire exécuter un bateau modèle qu'on construit au Havre.

EXTRAIT du *Journal du Havre* du 19 mars 1833.

Une expérience fort intéressante, et qui promet les résultats les plus importants, vient d'être faite dans nos bassins.

M. Sauvage, ancien constructeur de Boulogne, a appliqué à un gros et lourd bateau les hélices dont il est l'inventeur, et le bateau, muni de ce simple et ingénieux appareil, a parcouru avec une très-grande vitesse un long espace contre la direction d'un vent très-fort. Quatre hommes gênés dans leurs mouvements faisaient aller la manivelle qui servait de force motrice, et malgré le peu de puissance qu'ils pouvaient imprimer à l'appareil, on a pu se convaincre de l'immense avantage qui résulterait, pour la navigation à vapeur, de la substitution des hélices aux grandes roues, sur lesquelles la mer et le vent ont tant de prise dans les circonstances les plus ordinaires.

EXTRAIT de l'*Estafette du Havre* du 20 mars 1833.

L'essai d'une machine qui intéresse au plus haut degré la navigation, et qui doit même par la suite introduire dans ses opérations des changements considérables, a été fait hier à midi dans un de nos bassins.

Cette machine a été adaptée à un bateau de 20 tonneaux remarquable par sa forme désavantageuse pour la marche, et qui n'avait servi jusqu'alors qu'à transporter du sable pour les travaux du port.

Cet ingénieux mécanisme, inventé par M. Frédéric Sauvage, ancien constructeur de Boulogne-sur-Mer, consiste dans deux hélices placées parallèlement à la quille, sur la partie de la carène qui avoisine le gouvernail dont elle augmente considérablement l'action en renvoyant avec force le fluide dans une direction qui lui est parallèle.

Ces hélices peuvent être immergées dans l'eau jusqu'à la profondeur de 7 à 8 pieds et plus, et remplacent sur les bateaux à vapeur ces grandes roues à aubes si sujettes aux avaries et dont la position et les chocs violents et répétés détériorent en si peu de temps le centre des bâtiments.

Ce mécanisme a cela de supérieur à tout ce qui, jusqu'à présent, a été employé pour les bateaux à vapeur, que, placé sous l'eau, il n'est sujet à aucun choc violent de la mer, et sa position sera surtout précieuse aux bâtiments à vapeur de la marine militaire, en ce que les boulets ennemis ne pourront presque jamais l'atteindre. Beaucoup plus simple que les roues à aubes, et son déplacement étant bien moindre, la force motrice devra être beaucoup moins considérable que celle actuellement employée, ce qui donnera une grande économie de combustible et d'espace. Il offre encore un avantage : c'est qu'il pourrait être adapté à tous les bâtiments à vapeur et remplacer leurs roues avec une dépense bien faible.

Tous ces avantages ont été reconnus par ceux qui ont assisté à l'essai de ce nouveau système et parmi lesquels se trouvaient quelques personnes marquantes, un habile constructeur et plusieurs capitaines au long cours.

Ce perfectionnement introduit dans le système mécanique des bâtiments à vapeur nous a paru devoir éveiller l'attention des amis de l'industrie nationale, et nous avons lieu d'espérer que M. Sauvage, en donnant la préférence à notre port pour les premières applications, ne sera pas trompé dans les espérances qu'il a pu fonder sur les lumières du commerce de notre ville.

EXTRAIT de l'*Annotateur de Boulogne-sur-Mer*, du 27 juin 1833.

BATEAU A HÉLICE DE M. FRÉDÉRIC SAUVAGE.

On lit dans le *Dimanche*, journal hebdomadaire très-estimable qui se publie au Havre depuis quelques mois, sous la rubrique :

Nouveaux moyens de transport du Havre à Honfleur, l'article suivant, que liront avec plaisir tous les Boulonnais, qui savent honorer le talent, et qui ont suivi jusqu'à ce jour avec intérêt la voie que s'est tracée, avec tant de courage et de constance, leur compatriote, M. Frédéric Sauvage, dans cette carrière de l'industrie obstruée par tant de médiocrités magnifiquement récompensées de leur talent, de vivre aux dépens des idées d'autrui, et où le véritable mérite a si grande peine à conquérir la place qui leur est due.

« Nous applaudirons bientôt à l'établissement des bateaux-hélices que M. Sauvage, inventeur de ce nouveau procédé, fait construire en ce moment à Honfleur. Si M. Sauvage réussit, comme nous avons lieu de le croire, il aura tranché le nœud gordien et pour toujours établi la supériorité des hélices placées sur l'arrière du navire qui impriment au gouvernail une plus grande facilité pour la direction des bâtiments. Ces hélices ne laissent par leur mouvement qu'un sillage qui n'oppose aucune résistance; il n'en est pas ainsi des remous occasionnés par les roues qui présentent une grande force à vaincre.

» Nous avons vu M. Sauvage, par le seul emploi de sa force et de celle de ses deux fils, faire parcourir sur nos bassins quatre nœuds à une mauvaise barque dépourvue de tout ce qui donne la marche à un navire. Nous attendons donc avec impatience l'application de son nouveau procédé pour lequel il a obtenu un brevet de quinze ans. »

ANNÉE 1841. — *LETTRE de* FRÉDÉRIC SAUVAGE *à* M. NORMAND, *constructeur au Havre, qui lui demandait l'autorisation d'appliquer les hélices sur le* Napoléon.

L'emploi des hélices en Angleterre me fait espérer que nous ne tarderons pas à les employer, puisque c'est le sort réservé à toutes nos découvertes de n'être appréciées chez nous qu'en revenant d'outre-mer.

Persuadé, Monsieur, que vous serez un des premiers contructeurs de France qui serez chargé d'exécuter des travaux d'après mon procédé, je vous adresse une brochure qui vous fixera sur les véritables résultats obtenus par l'*Archimède*. Vous remarquerez que M. Smith reconnaît que l'angle de 45 degrés est l'angle le plus favorable, ainsi qu'une hélice entière, voilà la base de mon affaire; cependant il a adopté deux demi-tours sur le même axe; mais il fallait à M. Smith un brevet et l'apparence d'une invention. Je l'ai vu dernièrement à Londres, ainsi que M. Rennie, l'ingénieur chargé du mécanisme des bateaux à hélices; M. Smith convient du choc de l'eau sur l'étambot n'employant qu'une seule hélice.

M. Rennie s'occupait, à mon départ de Londres, d'expériences avec trois parties d'hélice sur le même axe et se terminant en pointe vers l'arrière, afin de conserver la même surface et d'éviter l'obstacle que rencontre M. Smith. Je suis libre de couper et de trancher, mais je reste convaincu qu'une hélice de chaque côté

2

du navire est ce qu'on peut faire de mieux, d'autant plus qu'on emploie généralement deux machines à vapeur ; il est constant que la force divisée sur deux axes donnerait un mouvement infiniment plus doux, et l'effet du gouvernail plus sensible.

Je ne terminerai pas sans vous faire part de mes intentions relativement à mon brevet de quinze ans, pris en 1832. A cette époque j'avais exploité ce brevet, espérant que la France adopterait bientôt le système des hélices en remplacement des roues pour les bateaux à vapeur, si les circonstances m'avaient favorisé, ainsi que je devais l'espérer.

Depuis dix ans je ne puis me coucher, mes nuits se bornent à deux heures de sommeil, incommodité qui use et fait espérer à une retraite prématurée.

Les ressources du Havre et vos grandes relations pourraient un jour me faire rencontrer une société disposée à exploiter cette affaire avec tous les soins qu'on doit en espérer ; veuillez alors m'en informer, vous me trouverez disposé à traiter à des conditions satisfaisantes.

Frédéric SAUVAGE.

---

16 octobre 1842. Deuxième semestre.

COMPTES RENDUS HEBDOMADAIRES DES SÉANCES DE L'ACADÉMIE DES SCIENCES PAR MM. LES SECRÉTAIRES PERPÉTUELS.

Mécanique appliquée. — *Rapport sur les hélices destinées à l'impulsion des bateaux à vapeur présentées par* M. SAUVAGE.

Commissaires : MM. PONCELET, CORIOLIS, PIOBERT ; SÉGUIER, rapporteur,

De louables efforts sont tentés pour substituer aux roues à aubes des bateaux à vapeur, des organes d'impulsion moins volumineux, mieux appropriés au service maritime, plus en rapport avec l'armement militaire. Déjà plusieurs tentatives de ce difficile problème vous ont été présentées, et l'appareil dit *Palmipède*, de M. de Jouffroy, fils de celui qui le premier a fait naviguer avec succès un grand bateau à l'aide de la vapeur, a reçu votre approbation.

La France qui a vu naître, en 1788, à Beaume-les-Dames, l'invention de la navigation à vapeur, aura encore l'honneur de voir éclore chez elle ses plus importantes modifications. Aujourd'hui nous venons un instant réclamer votre bienveillante attention en faveur d'expériences tentées par un ex-constructeur français de Boulogne-sur-Mer, devenu mécanicien fort ingénieux. Vous trouverez, Messieurs, quelque opportunité dans la demande que vous a adressée M. Sauvage, afin de répéter sous les yeux d'une commission, avec des modèles construits à l'échelle, les expériences auxquelles il s'est déjà livré plus en grand, si nous vous disons qu'en ce moment même des ingénieurs anglais importent en France les mêmes idées, dont M. Sauvage a pris le soin de se garantir la propriété par un brevet, pris déjà à une époque assez reculée.

Le moyen d'impulsion soumis à l'examen de votre commission consiste dans la substitution d'hélices aux roues latérales. M. Sauvage propose d'armer les navires de guerre de deux organes de ce genre, complétement immergés, et appliqués au navire sous les formes rentrées de l'arrière ; en terme de marine, sous les fesses du navire.

L'installation de ces organes, qui agissent dans une direction parallèle à la quille, peut se faire sans aucune modification notable à la construction marine actuelle. Ses hélices sont composées d'une seule révolution autour de leur axe, et dont le pas est égal au diamètre; elles diffèrent essentiellement d'organes de même nature, proposés par ses rivaux d'outre-mer, et acceptés par l'administration de la marine à titre d'essai, pour un des vaisseaux de l'État.

L'inventeur français, convaincu par de nombreuses expériences que la forme par lui définitivement adoptée est préférable à toute autre, a désiré que vous en fussiez juges ; nous avons l'honneur de vous rendre compte de ce qui s'est passé sous nos yeux.

Un modèle de brick de guerre a été pourvu de deux hélices à une seule révolution continue : un mouvement rotatoire rapide ayant été communiqué à ces organes au moyen d'un mécanisme d'horlogerie, le petit navire a été capable de faire équilibre à un poids de 200 grammes, après lequel il a été amarré et sur lequel il agissait à la façon d'un bateau remorqueur. Des hélices de même surface, mais divisées en deux sections, ont été substituées aux précédentes ; pour que le navire ainsi installé restât capable de faire équilibre au poids, il a dû être réduit à 180 grammes.

Des hélices divisées en trois parties, mais représentant toujours exactement la même surface de point d'appui sur le liquide dans leur développement total, ayant à leur tour remplacé les secondes, le poids, pour être soutenu en équilibre, a dû être ramené à 140 grammes.

M. Sauvage, par des expériences plusieurs fois répétées, trouve que la puissance de son hélice, comparée à celle des autres d'une construction différente, est dans un rapport comme 20 est à 18 et à 14.

M. Sauvage est jaloux d'assurer à la France la priorité d'une application qu'il a lui-même portée à un degré de perfectionnement supérieur à celui atteint par ses concurrents, il aurait voulu rendre l'Académie tout entière spectatrice de ces essais pleins d'intérêt, quoique répétés sur une bien petite échelle.

La commission conclut des expériences auxquelles elle a assisté, qu'à l'échelle de ces essais, des hélices d'une simple révolution, mais continue, sont préférables à des hélices à double ou triple filets, ne faisant chacune qu'une demie ou un tiers de révolution, quoique offrant toutes en somme une surface égale.

LETTRE DE F. SAUVAGE A M. LE MINISTRE DE LA MARINE
ET DES COLONIES.

24 Janvier 1843.

A MONSIEUR LE MINISTRE DE LA MARINE ET DES COLONIES.

Monsieur le Ministre,

Le soussigné demande la permission d'exposer à Votre Excellence ce qui suit :

En 1831, je fis des expériences pour substituer les hélices aux roues des bateaux à vapeur. Au mois de mars 1832, je vins à Paris pour présenter au Ministre de la marine le rapport d'une commission de Boulogne-sur-Mer, qui constatait les résultats que j'avais obtenus, ainsi que deux petits modèles de bateaux dont l'un avait une hélice sur le prolongement de la quille et placée entre deux étambots, tandis que le second était armé de deux hélices placées l'une à tribord, l'autre à babord de la coulée. Je me rendis donc au ministère avec ces modèles, plus un petit canal en zinc que j'avais fait construire à l'effet d'y faire manœuvrer les bateaux et juger de leur puissance d'impulsion. Le Ministre parut voir avec autant de plaisir que d'intérêt cette expérience en petit. Il fut alors convenu que j'en ferais une application nouvelle sur un canot de 16 à 17 pieds, le tout afin de mieux apprécier l'avantage de mon procédé. Aussitôt mon canot construit et installé, j'en fis part au Ministre ; Son Excellence m'informa par une lettre du 30 mai qu'elle venait de nommer une commission qui devait être présidée par le vice-amiral Alghan, auprès duquel il m'invitait à me rendre afin de nous entendre sur le jour de l'examen. Le jour même indiqué pour l'expérience, un employé du ministère vient me dire que le ministre s'était trompé en désignant le vice-amiral Alghan pour cet examen, qui était du ressort de l'amiral Willaumez.

La commission se rendit donc à bord de mon canot à flot sur le canal de l'Ourcq ; l'expérience, bien que satisfaisante, ne parut pas captiver l'attention de cette commission, ce qui m'astreignit à de nouvelles démarches ensuite desquelles le ministre consentit à m'envoyer ses aides-de-camp. Ces messieurs ayant accueilli avec un vif intérêt les nouvelles expériences dont ils furent les témoins, je devais présumer que le gouvernement ferait une application sérieuse sur un des bâtiments de l'État ; la suite me prouva que je n'avais nourri que de vaines espérances.

Le 11 juillet, une seconde lettre du Ministre me fit connaître l'opinion de la commission ; elle avait décidé que l'application de mon système ne pouvait réussir sur une grande échelle, impossibilité démontrée, disait la commission, par des expériences antérieurement faites aux États-Unis : on trouve en effet dans *Tregold*, traduit par M. Melète, la relation de l'essai tenté en Amérique. Malgré mes instances réitérées, on n'a pas cru devoir ordonner la comparaison de ces procédés avec les miens, d'où il suit que je n'obtins pas de rapport ; rapport qui eût victorieusement anéanti tous les doutes sur la haute utilité commerciale et militaire de mon invention. Quelqu'amer que fût mon désappointement, je ne perdis pas courage, et partis pour le Havre avec mon canot, dans l'espoir d'attirer l'attention du commerce, qui me fit dépenser en dix ans de temps 70 à 80,000 francs en essais divers sans jamais vouloir hasarder l'emploi de la vapeur. On approuvait généralement mes expériences, mais on finissait toujours par cet argument écrasant : le gouvernement a repoussé ce moyen comme *inapplicable en grand*. Cependant, on n'a jamais su me dire pour quel motif, ni pour quelle cause il le repoussait.

Plus tard des propositions me furent faites pour porter mon système en Angleterre, car j'avais pris un *caveat* avant de prendre mon brevet à Paris. Mais pour faire revivre ce *caveat*, on m'imposait l'obligation d'anéantir le brevet pris en France. Mû bien plus par un sentiment de patriotisme que par mon intérêt, je dus refuser absolument, comptant bien que les applications faites en Angleterre finiraient par déterminer mon pays à adopter ce système. Maintenant, pour mieux prouver que le premier de ces deux sentiments dominait l'autre incontestablement, il me suffira de relater les faits suivants. Avant de traiter avec le gouvernement pour la construction du *Napoléon*, M. Normand me demanda l'autorisation de construire un bateau modèle à hélice ; j'y consentis sans exiger aucune rétribution pour mon droit de brevet, de plus, j'engageais ce constructeur à employer l'hélice simple parce que des expériences réitérées, faites au Havre et à Honfleur, m'avaient positivement démontré que l'affaiblissement de la puissance de propulsion était en raison du fractionnement de cette même hélice, ce que je me suis empressé de faire constater par une commission de l'Académie, quand j'appris les intentions de M. Normand : ainsi, par exemple, je ne crains pas de le garantir pour l'hélice simple, la puissance de fraction est de 20, elle s'abaisse à 17 si le fractionnement est en deux parties, et elle se réduit à 13 si l'on divise l'hélice en trois.

Je crois donc remplir encore un devoir consciencieux en engageant le gouvernement à vérifier le fait que je signale, avant de se lancer dans d'autres applications.

J'oubliais qu'en 1840 mes nouvelles démarches auprès du Ministre me valurent sa lettre du 21 juillet, m'annonçant qu'une nouvelle commission se rendrait à Neuilly où se trouvent encore deux de mes bateaux, entre autres un de 60 pieds installé pour la navigation fluviale. On a dû faire un rapport sur les investigations de cette dernière commission ; mais il ne m'a j'amais été communiqué.

Je termine en demandant à Votre Excellence une très-courte audience dans laquelle je puisse compléter des renseignements utiles, tant aux intérêts de la marine qu'à ceux qui me sont personnels, mais qui ne pourraient trouver place dans cet exposé déjà trop long.

Agréez, monsieur le Ministre, l'hommage respectueux de celui qui a l'honneur d'être,

Votre très-humble et très-obéissant serviteur.

FRÉDÉRIC SAUVAGE.

LETTRE de Frédéric Sauvage au Rédacteur du *Courrier du Havre.*

Havre, 7 février 1843.

Monsieur,

Le *Journal du Havre* semble disposé à me faire paraître étranger à l'application des hélices aux bateaux à vapeur ; j'ai fait assez d'expériences dans le port du Havre pour qu'on n'y confonde pas l'inventeur du système avec le constructeur du *Napoléon ;* mais on peut l'ignorer ailleurs, et je désire qu'on sache à qui s'adresser quand on voudra faire construire des bateaux d'après mon procédé. En conséquence, je vous prie de me rendre le service d'insérer dans votre prochain numéro la réclamation suivante.

Vous pouvez juger si j'ai droit à de telles réclamations, puisque vous étiez au Havre quand j'y allai avec mon canot à hélices, construit et installé à Paris, pour des expériences desquelles je ne pus obtenir d'avis favorable, parce que les hélices avaient échoué aux États-Unis. Vous étiez au Havre quand j'ai installé le gros bateau de pêche duquel a parlé M. Corbière dans le *Journal du Havre.* Vous avez vu à Honfleur le bateau que j'ai construit pour le passage de ce port au Havre et pour lequel on devait me fournir une machine à vapeur ; mais les faux arguments qui m'avaient été funestes à Paris, retentirent jusqu'au Havre, et l'application de la vapeur n'eut point lieu.

Vous avez vu le bateau modèle de remorqueur que je fis à Saint-Cloud, ceux que je fis construire à la Rapée, dont un de 35 pieds et l'autre de 60, destinés aux expériences de la navigation fluviale, et qui sont encore à Neuilly. Enfin, vous avez eu bien des fois l'occasion de voir, ainsi qu'une grande partie des habitants du Havre, que mes expériences n'étaient point une simple tentative, ainsi que veut bien le dire votre confrère, et si le rédacteur veut se donner la peine de chercher le *Journal du Havre* de ce temps-là, il verra que son prédécesseur considérait l'affaire plus consciencieusement. Je suis resté près de deux ans au Havre et à Honfleur, et je faisais très-souvent manœuvrer mes bateaux, espérant toujours convaincre le public et le ministre de la marine de l'erreur de ce dernier, quand il a condamné mon procédé comme impraticable pour l'emploi de la vapeur sur une grande échelle. Enfin les Anglais ont prouvé le contraire, et j'en rends grâces au ciel.

Parlons maintenant du *Napoléon.* Je me suis abstenu d'en parler pendant les premières expériences. Je me suis borné à faire constater d'avance les mauvais résultats qu'on a obtenus. Je n'ai pas vu ce beau bateau, chef-d'œuvre sans pareil, mais je connais maintenant la clé du *Journal du Havre,* et il me sera facile à l'avenir de deviner ce qu'il veut dire. Il prétend que M. Normand fut le premier qui osa hasarder l'application de mon système, quand il existe en Angleterre tant de bateaux à hélices ! Le *Journal du Havre* vante la grande finesse du *Napoléon,* mais lui permettra-t-elle de porter la voile ? Je suis porté à en douter.

La première expérience du *Napoléon* n'était pas satisfaisante, cela se conçoit, parce que la machine n'avait point encore fonctionné, voilà une raison qu'on ne peut contester ; mais depuis cette première épreuve, les frottements ont dû s'adoucir, et rien ne devrait plus clocher, sinon le prétendu perfectionnement qu'on a voulu faire.

Avant de déterminer la paroi de mon hélice, j'ai représenté une rame en godille dans la position la plus favorable, 45 degrés, et j'ai fait passer la ligne supérieure de mon hélice en dehors de l'espace qu'elle doit parcourir, ce qui forme une hélice ayant en diamètre à peu près la longueur de son axe. Il est certain que deux hélices semblables en tournant en sens inverse produisent exactement l'effet de la godille. Si la rame avait trois pelles, pourrait-on la conduire aussi facilement? Ne serait-elle point plus rude à faire mouvoir, puisque ses pelles renfermeraient en elles une colonne d'eau qui occasionnerait une résistance au détriment de la force motrice? C'est ce qui explique pourquoi M. Normand n'obtient que 18 coups de piston à la minute, quand il comptait sur 25 coups.

L'hélice, décrite dans *Tregold*, traduit par M. Mélète, est construite sur un angle tellement aigu que la rame se trouverait presque placée horizontalement, si on voulait la faire fonctionner dans l'espace occupé par cette même hélice. Il suffit d'avoir vu faire usage d'une godille pour comprendre que son effet serait nul dans une position verticale ou horizontale, qu'ainsi l'intermédiaire entre ces lignes est la position qui convient pour obtenir la plus grande puissance.

C'est cependant cette hélice qui fut essayée aux États-Unis et qui m'occasionna tant de désappointement depuis douze ans, et qui fit dire à M. Normand et à bien d'autres encore que ce procédé ne valait rien, et qu'au surplus il était dans le domaine public.

Cependant M. Normand n'a pas cru devoir entreprendre la construction du *Napoléon* sans me demander l'autorisation que je lui accordai sans la moindre rétribution pour mon droit de brevet ; je ne connaissais pas encore ce constructeur habile ; sa tentative avec la triple hélice est-elle dans le but de me débouter par un perfectionnement? mais ce moyen je l'ai laissé de côté, et je ne l'ai employé que comme point de comparaison ; car il est bon de se convaincre soi-même avant de se mettre en évidence et d'essayer tous les moyens qui pourraient exciter la contrefaçon.

Lorsqu'il fut question de la construction du *Napoléon*, je revenais de Londres, j'avais visité l'*Archimède*, M. Smith et plusieurs ingénieurs anglais qui s'occupent des hélices, et il me fut bien facile de juger qu'on y avait fractionné cette même hélice pour avoir l'apparence d'un perfectionnement, puisqu'on n'accorde pas de brevet d'importation en Angleterre. M. Smith me dit, et c'est écrit dans sa brochure, que l'hélice *entière* valait mieux que *divisée*. Mais qu'en deux parties elle occupait moins de place. Cette considération ne me semble pas compenser la perte des forces de propulsion. Mais, ainsi que je viens de le dire, il fallait un brevet, bon ou mauvais, qu'importe?

Environ deux mois avant que le marché de M. Normand avec le gouvernement ne fût signé, j'envoyai à ce constructeur une des brochures que j'avais rapportées de Londres, contenant tous les

rapports sur l'*Archimède*. Je le priai instamment de ne pas dénaturer l'hélice, ainsi que l'avait fait M. Smith, qui l'avait coupée en
deux. M. Normand fit plus, il la coupa en trois parties. Ce petit
envoi, ainsi que des renseignements que je lui communiquai,
restèrent sans réponse... Qu'en dites-vous?

Aussitôt que j'appris que M. Normand avait l'intention de mar-
tyriser ainsi mon procédé, j'invitai l'Académie à vouloir bien nommer une commission à l'effet de constater un fait dont j'étais
convaincu depuis plus de dix ans, et qui consistait dans la comparaison des puissances impulsives et attractives des hélices simples aux hélices fractionnées, et dont les résultats sont en raison
du nombre des parties qui composent l'hélice, comme 20, 17 et
13, quand elle est entière, en deux ou trois sections. Ce rapport
fut publié dans les journaux. M. Normand fut prévenu par une
lettre particulière, à laquelle il n'a seulement pas encore ré-
pondu.

Les expériences que j'ai répétées, quoiqu'en petit, et que j'avais
déjà faites avec le poids des hommes, sont peu probantes aux yeux
de bien des gens. Mais, suivant la nature des expériences, elles
sont parfois plus exactes au moyen d'une force invariable, quoique
faible, que par des moyens puissants qu'on dirige à volonté, ce
qui fait que très-souvent, en Angleterre comme en France, on a
annoncé des succès complets desquels on n'entendit plus jamais
parler, surtout quand il est question de la vapeur.

Il est bien certain qu'il est pénible, surtout quand on a beaucoup d'amour-propre, de se rétracter et d'exécuter d'après un
principe qu'on a condamné; mais quand on ne sait que copier,
on ne fait ni invention ni perfectionnement. M. Normand a-t-il
fait un bateau à vapeur sans traverser plusieurs fois la Manche et
rapporter plein ses poches de documents?...

Si je me plains avec autant d'amertume, c'est que mon procédé se trouve compromis par une application qui devait faire
disparaître les doutes qui restent encore sur ma découverte et
qu'on vient nous vanter l'intrépidité de M. Normand qui osa entreprendre une chose aussi hasardeuse que difficile!

Recevez, etc.

SAUVAGE.

LETTRE DE M. AUGUSTIN NORMAND A MM. SAUVAGE FRÈRES.

Le Havre, 25 Mai 1843.

MESSIEURS SAUVAGE FRÈRES, A PARIS.

J'ai appris ici avec beaucoup de peine et de surprise que les cré-
anciers de Monsieur votre père, regardant son brevet, pour les hélices, comme une affaire à peu près perdue, voulaient faire vendre,
à quelque prix que ce fût, sa machine à réduire. Il est extrême-
ment fâcheux de voir perdre ainsi, par une précipitation et une
crainte mal fondées, une affaire excellente en elle-même, et cela
d'autant plus que M. Sauvage n'a probablement jamais été aussi
près qu'il l'est maintenant de recueillir le fruit des peines qu'il

s'est données pour faire adopter les hélices. Plusieurs personnes très-influentes dans la marine auxquelles j'ai fait connaître toute la part que M. Sauvage avait dans le succès de cette importante innovation, et auprès desquelles je l'ai chaleureusement appuyé, ont pris cette affaire fort à cœur. Il n'y a pas de doute qu'avec l'appui de ces personnes et la sanction *des faits et des succès acquis maintenant,* le gouvernement récompensera M. Sauvage des soins qu'il a rendus à son pays; seulement il faut un peu de patience à cause de la longueur des formes administratives. Je m'estimerai aussi heureux d'avoir contribué à faire rendre justice à Monsieur votre père, que d'avoir appliqué avec succès l'hélice à la navigation.

Recevez mes etc.

AUGUSTIN NORMAND.

LETTRE DE M. DE RUMIGNY, AIDE-DE-CAMP DU ROI,
A M. SÉGUIER.

19 juin 1843.

Mon cher monsieur SÉGUIER,

J'ai mis sous les yeux du Roi la lettre que vous m'avez fait l'honneur de m'écrire.

Sa Majesté prend le plus vif intérêt au succès du *Napoléon* dont elle connaissait tout le système de machines; elle me charge de vous faire savoir qu'elle verra avec le plus plaisir ce beau navire au Tréport, s'il peut y entrer, lorsqu'elle ira habiter le château d'Eu.

Des succès de l'hélice dépend la haute destinée des bateaux à vapeur dans les guerres futures, car on l'appliquera aux plus gros vaisseaux, en mettant les machines à l'abri des boulets, par leur situation au-dessous de la ligne de flottaison ; rien ne me semble plus facile à faire.

L'amiral Cochram, qui était ces jours-ci à Paris, m'a dit qu'il mettait une de ces machines à bord d'un vaisseau de ligne, et qu'il avait trouvé le moyen de diminuer de moitié le poids des chaudières sans diminuer la force des machines.

Il m'a dit encore qu'il regardait comme certain le succès complet des hélices.

Il ne s'agit plus que de trouver un moteur, non pas plus économique que la vapeur, mais qui nécessite moins de combustible. C'est une chose difficile, mais qui sera probablement en voie de progrès dans quelque temps.

J'ai parlé au Roi des récompenses méritées par le *Napoléon*, il y sera donné suite convenable dès que Sa Majesté sera rendue au château d'Eu.

S. A. R. le prince de Joinville est attendu à Brest, il ira passer quelques jours à Eu avec la famille royale, et je le connais assez pour savoir que M.   n'aura pas de protecteur plus zélé que lui.

LETTRE de M. Séguier a M. Sauvage.

Paris, 23 juin 1843.

Je reviens du Havre, j'ai vu le *Napoléon*, je viens d'écrire à M. le général Rumigny, aide-de-camp du roi, la position où vous vous trouvez au moment où votre ingénieuse conception *va enfin* triompher.

Ma lettre a été, me répond le général, placée par lui sous les yeux du Roi ; patience donc et courage, honneur et justice vous seront rendus. Je vais faire proclamer la vérité à la tribune de la chambre des députés, à l'occasion du budget de la marine ; je veux que tout le monde sache que l'hélice est une invention française. Le fermier Smith ne dépouillera pas l'ingénieux et persévérant constructeur de Boulogne-sur-Mer. Rapportez-vous-en à moi, ce qui est à César sera rendu à César. Faire rendre justice est mon métier, noble occupation qui a pour moi des charmes surtout lorsque je puis venir consoler ceux qui souffrent.

Le jour du triomphe de votre idée favorite approche, le Roi a le désir de voir au Tréport le *Napoléon*. J'ai insisté dans ma lettre, qui a passé sous ses yeux, pour qu'il lui fût dit et répété que l'hélice est toute française ; je veux que cette vérité soit hautement proclamée à la chambre, afin que vos droits soient à l'abri de toute contestation. Je sais tout ce que vous avez fait, depuis quand vous vous êtes mis à l'œuvre ; mon témoignage vous est acquis.

Adieu, mon cher Monsieur, espoir et patience, croyez à la sympathie de celui qui ne se bornera pas à faire des vœux pour vous.

LETTRE de M. de Barde, vice-président de la Société d'agriculture, du commerce et des arts de Boulogne-sur-Mer, a Son Excellence le Ministre de la marine.

Boulogne, le 9 août 1843.

A Son Excellence le Ministre de la Marine.

Monsieur le Ministre,

Une expérience décisive faite simultanément en France et en Angleterre vient de mettre en évidence l'avantage longtemps contesté du propulseur à hélice. Les steamers *Napoléon* et *Great-Britain* viennent d'ouvrir à la navigation à vapeur une carrière nouvelle et féconde en résultats utiles.

La Société d'agriculture, du commerce, des sciences et des arts de Boulogne-sur-Mer a pensé, Monsieur le Ministre, que le moment était venu de rappeler à votre bienveillant souvenir l'auteur de cette précieuse découverte.

M. Frédéric Sauvage, notre concitoyen et membre correspondant de notre société, déjà connu par plusieurs inventions des plus ingénieuses, nous a fait connaître, dès 1832, le mécanisme qu'il proposait de substituer aux roues des bâtiments à vapeur, et qui devait augmenter la vitesse avec économie de la force motrice.

Le 15 janvier 1832 des expériences comparatives furent faites devant une commission nommée par la société, présidée par l'ingénieur en chef du port et à laquelle ont assisté plusieurs officiers de marine. Quoique faites sur une petite échelle, ces expériences constatèrent un accroissement considérable de vitesse : on peut s'en convaincre par la lecture du rapport ci-joint.

À la même époque, M. Sauvage obtint un brevet pour son système ; et, après avoir lutté inutilement plusieurs années contre des difficultés de tout genre, il fit connaître son système en Angleterre. Ainsi, grâce à cette barrière insurmontable qu'on oppose toujours aux idées nouvelles, grâce à notre ancienne législation impuissante à protéger les auteurs de découvertes utiles ; voici encore un précieux avantage dont nos voisins jouissent en même temps que nous et que la France aurait pu si facilement s'approprier.

Pendant que le *Napoléon* rentrait au Havre, réalisant dès son premier voyage les espérances fondées sur le propulseur à hélice, Sauvage était aussi au Havre; mais détenu pour dettes, après avoir épuisé toutes ses ressources pour atteindre un but honorable. L'impression pénible produite par ce rapprochement a été vivement sentie à Boulogne par tous les concitoyens et amis de M. Sauvage ; la société a cru devoir élever sa voix jusqu'à vous. Elle a pensé que sous un roi protecteur éclairé des sciences et des arts, elle serait certainement entendue, en réclamant votre bienveillance pour un homme qui la mérite à tous égards.

Je suis avec respect, etc.

Signé : DE BARDE,

Vice-président de la Société d'agriculture, du commerce et des arts.

LETTRE DE M. BOUCHER DE PERTHES, DIRECTEUR DES DOUANES A ABBEVILLE, A M. ADAM, MAIRE DE BOULOGNE.

Abbeville, 24 Août 1843.

A M. ADAM, MAIRE DE BOULOGNE.

Monsieur et honorable ami,

Le 16 de ce mois, me trouvant au château d'Eu, le Roi voulut bien me permettre de l'accompagner sur le *Napoléon*, navire à hélice, et dont on allait essayer la marche concurremment avec le *Pluton* et l'*Archimède*, navires à roues. Sur le *Napoléon* étaient le Ministre de finances, le Garde des sceaux, le Directeur général des postes, M. Conte, le prince de Joinville, etc. L'hélice du *Napoléon*, hélice à trois sections, n'est qu'une contrefaçon de celle de Frédéric Sauvage. Normand, le constructeur du *Napoléon*, recevait la croix ; j'ai cru devoir défendre Sauvage, non en ma qualité de directeur des douanes, mais comme président de la Société royale d'émulation dont Sauvage est membre. La discussion a été vive et longue, et elle avait lieu en présence de Sa Majesté. Je ne sais quel en sera le résultat. Mais comme les paroles s'oublient, aussitôt mon retour ici, j'ai écrit à M. le Ministre des finances, sur la proposition duquel M. Normand avait eu la croix, à M. Conte et à M. Logerant de Montesquiou, chevalier d'honneur de la Reine, qui connaît Sauvage et qui, comme moi, avait pris sa défense.

Vous trouverez ci-joint la copie de ma lettre au Ministre et à M. Conte; et je vous prie, si vous le jugez utile, d'en donner connaissance à la Société d'agriculture qui, d'après ce qu'annonce *la Colonne*, a fait aussi une démarche en faveur de Sauvage.

Je dois dire en faveur de Normand, qu'il a déclaré devant moi, au Ministre et à monseigneur le prince de Joinville, qu'il regrettait de recevoir la croix sans M. Sauvage, qui était le véritable inventeur des hélices.

Je ne vous remets pas copie de ma lettre à M. de Montesquiou, parce qu'elle n'est qu'une répétition de ce que j'écris au Ministre et à M. Conte. Si vous jugez utile que j'écrive aussi au Ministre du commerce, je le ferai immédiatement.

Je vous prie, monsieur et honorable ami, de présenter mes respectueux hommages à madame Adam, et d'agréer l'hommage de la haute considération et de l'attachement de votre tout dévoué.

Signé : J. BOUCHER DE PERTHES.

LETTRE de M. Séguier a M. Jobard, de Bruxelles.

J'ai assisté récemment sur la Seine à de très-intéressantes expériences sur le mode d'action des hélices et sur leur effet utile. Imaginez-vous quel a été mon étonnement lorsque j'ai moi-même bien et dûment constaté que lorsque l'hélice avait fait mille tours le bateau était avancé de 937 longueurs du pas de l'hélice ; l'eau résiste donc à peu près comme un écrou solide.

Le joujou du tourbillon dont vous avez donné la description, est une démonstration de la puissance de l'appui que l'hélice peut trouver, grâce à une certaine vitesse, non-seulement dans l'eau, mais même dans l'air. J'ai fabriqué sur vos indications un tourbillon qui, du premier coup, s'est envolé jusque dessus le toit de ma maison.

(Extrait du Moniteur industriel, 5 octobre 1843.)

LETTRE de M. le Ministre de la marine a M. le Ministre DU COMMERCE.

Paris, 20 octobre 1843.

Monsieur le Ministre et cher collègue,

La proposition que j'ai cru devoir présenter au Conseil du Roi en faveur de M. Sauvage, n'ayant point été accueillie, vous avez bien voulu exprimer la pensée qu'au lieu de la pension viagère que je demandais pour cet inventeur, il serait possible de lui accorder, à titre de rémunération, une somme déterminée dont une partie pourrait être imputée sur les fonds d'encouragement dont le département du commerce dispose, et l'autre sur le crédit porté au budget de la marine sous le titre : *Frais d'expériences et d'essais divers.*

Je m'associe bien volontiers à cette pensée, et je suis tout disposé à faire contribuer le département de la marine à une récompense que motive suffisamment l'avantage, résultant pour la navigation à vapeur, du système de propulsion dont M. Sauvage est le promoteur. Mais avant de prendre une décision relativement à la quotité de la somme qu'il sera possible de prélever pour cet objet sur les fonds du budget de la marine, j'aurais besoin de connaître d'une manière précise ce dont le département du commerce peut disposer de son côté.

La position de M. Sauvage est de nature à donner du prix à une prompte décision, et c'est pour cela que je crois devoir prier Votre Excellence de vouloir bien s'en occuper le plus tôt possible.

Vous connaissez les titres de cet inventeur à une récompense ; il est certain que si l'idée première d'appliquer les hélices comme moyen de propulsion a été émise avant lui, du moins il est le premier et même le seul qui ait tenté d'arriver, par des essais coûteux et persévérants, à la solution du problème, et qu'il l'a fait avec succès. Les dépenses que M. Sauvage s'est imposées dans ce but, ont contribué à sa ruine ; et tandis que l'État est appelé à profiter désormais du fruit de ses travaux, il ne serait pas conforme à la dignité du pays de ne pas offrir, sinon les moyens de le sortir entièrement de sa fâcheuse position, du moins un témoignage d'intérêt. Ce sont là, au surplus, des considérations sur lesquelles je crois superflu d'insister auprès de Votre Excellence, et je dois me borner à vous prier de vouloir bien statuer le plus tôt possible sur la part à prendre par le département du commerce à la rémunération de M. Sauvage, et de me faire connaître votre décision à ce sujet.

Agréez, Monsieur le Ministre, etc.

Signé : DE MAKAU.

LETTRE de F. Sauvage au Rédacteur du *Courrier du Havre.*

Sainte-Adresse, 30 octobre 1843.

Vous avez inséré, dans votre journal d'hier, que l'on assurait que le Gouvernement venait de confier, à M. Normand, la construction d'un nouveau bâtiment avec les hélices que M. Normand a su perfectionner dans l'heureuse application qu'il en a déjà faite sur le *Napoléon.*

Sans vouloir entrer dans aucune explication, ni me laisser aller à aucune récrimination, pourtant bien naturelle dans la position où l'on m'a mis par rapport à l'application des hélices faites par M. Normand, je ne peux laisser sans réponse cette dernière partie de votre insertion.

L'application des hélices, puisque je suis propriétaire et inventeur du système, ne pouvait avoir lieu sur le *Napoléon* sans mon autorisation, et, sur la demande de M. Normand, je m'empressai de lui donner cette autorisation sans même exiger de lui aucune indemnité ni rétribution; seulement, je me réservai de lui donner, dans l'application du système, mes avis, afin que cette opération produisît les résultats que j'en espérais et que j'en ai toujours espérés.

Cependant il n'en a pas été ainsi; mon système a été dénaturé, ce qui fut constaté par l'Académie des Sciences, malgré les observations que je fis à cette époque.

Aujourd'hui vous dites que M. Normand a su perfectionner les hélices dans leur application; je nie ce fait, et lorsqu'il y aura lieu, je vous donnerai des renseignements et des documents qui vous prouveront, à vous et au public, la loyauté de mon traité avec M. Normand, à l'égard des hélices, et la fausse application que ce dernier en a faite malgré mes avis et toutes mes observations.

F. SAUVAGE.

MARINE ROYALE. — PORT DE SAINT-VALERY-SUR-SOMME.

RAPPORT AU ROI, décision de Sa Majesté qui accorde à M. Sauvage une indemnité de 2,000 fr., pour le dédommager en partie des sacrifices qu'il s'est volontairement imposés pour chercher les moyens d'appliquer l'hélice à la vapeur.

Paris, le 27 décembre 1843.

SIRE,

Dans un rapport précédemment soumis à Votre Majesté, j'exposais les titres que M. Sauvage me paraissait avoir à une récompense qui pût le dédommager en partie des sacrifices qu'il s'est volontairement imposés pour arriver, par des expériences répétées, à la solution de l'intéressant problème de l'hélice comme moyen de propulsion des bâtiments à vapeur.

La pensée de lui accorder, à ce titre, une pension viagère, se présentait comme la plus naturelle, mais elle a dû être écartée en raison des difficultés auxquelles pouvait donner lieu la présentation d'une loi à ce sujet. J'ai dû, par ce motif, et conformément à l'avis adopté dans le conseil de Votre Majesté, me concerter avec M. le Ministre du commerce pour proposer un autre mode de rémunération.

Déjà il a pu être accordé à M. Sauvage une somme de 500 fr. sur les fonds d'encouragement portés au budget du département du commerce; c'est une rémunération du même genre, que je prie Votre Majesté d'accorder à M. Sauvage, sur les fonds du budget de la marine. On pourrait disposer cette année, en sa faveur, d'une somme de 2,000 fr. sur le crédit de 50,000 fr. qui figure au chapitre 21, sous le timbre, *frais d'expériences et d'essais divers.*

J'ai l'honneur de solliciter de Votre Majesté l'autorisation d'allouer cette somme à M. Sauvage, à titre d'encouragement, me réservant d'ailleurs de présenter, l'année prochaine, une semblable demande en sa faveur.

Signé : BARON DE MACKAU.

De la main du Roi,

Approuvé,

Signé : LOUIS-PHILIPPE.

Le Vice-Amiral, Pair de France, Ministre secrétaire d'État de la marine et des colonies.

Signé : DE MACKAU.

Pour copie conforme,

Le Commissaire,

A. RICHARD.

EXTRAIT du *Courrier du Havre*, du 12 novembre 1845.

L'HÉLICE DE M. SAUVAGE.

S'il y a beaucoup à faire encore avant d'avoir le dernier mot de la navigation à vapeur; si tout l'inconnu est loin encore d'être dégagé de problèmes qui se présentent, chaque jour, avec des données nouvelles, il y a, du moins, un fait acquis : l'hélice a triomphalement pris la place des roues dans la propulsion des bateaux à vapeur. Avant peu, pour la marine de commerce, comme pour la marine de l'État, un bâtiment à vapeur à roues sera, comparativement aux navires à vapeur à hélice, ce qu'étaient les galères, birèmes et trirèmes des anciens, comparativement aux navires à voiles de nos constructions modernes.

Chose curieuse à observer ! La venue de l'hélice devait être une gloire, un triomphe pour la France, car c'était un de nos compatriotes qui avait appliqué le premier ce moteur à la navigation à vapeur. On a mieux aimé se battre les flancs, pour chercher d'autres inventeurs plus anciens; on a remonté à quatre cents ans avant Jésus-Christ, pour remuer la cendre d'Archytas, qui le premier, disait-on, avait eu l'idée des propulseurs héliçoïdes ! Puis quand il a fallu expérimenter, parce que l'inventeur français avait pris brevet, et qu'on voulait se soustraire au tribut qu'il y avait à payer à la priorité, on a imaginé de donner, aux hélices qu'on employait, une forme autre que celle qui était indiquée dans le brevet. On a fait venir des ingénieurs anglais et américains, qui ont été chargés de confectionner les appareils des propulseurs dont on allait se servir, et qui n'étaient autre chose que l'hélice première de M. Sauvage, mal revue, mal corrigée, mal à propos augmentée.

Nous le répétons, cette appropriation de l'hélice à vapeur aurait dû être un des titres de notre orgueil national; elle n'a été cependant qu'une cause d'ingratitude, une honte, une indigne spoliation. Là encore Christophe-Colomb a eu son Améric-Vespuce, et pour compléter l'assimilation de l'inventeur aux hommes qui ont rendu des services de ce genre à leur pays, ou à l'humanité toute entière, cet inventeur a été emprisonné! Comme Galilée qui disait que la terre tournait, l'inventeur de l'hélice, témoin de tous les efforts qu'on faisait pour profiter de l'œuvre, en échappant à la juste rémunération due à l'ouvrier; voyant tout ce qu'il se jetait d'argent dans un gouffre sans fond, pour ne pas se servir de son hélice, se bornait à dire, lui aussi, en regardant les barreaux de sa prison : « Pourtant c'est mon système qui est le seul bon; c'est » mon hélice, dans toute sa simplicité primitive, qui est la seule » bonne. »

A côté de nous, le commerce anglais, par souscriptions volontaires, enrichit sir Rowland Hill qui a introduit une avantageuse réforme dans le système postal. M. Waghorn vient de raccourcir de quelques heures le voyage de Londres à Calcutta, et on parle déjà, en sa faveur, d'un témoignage de la reconnaissance publique! En France, un homme s'est rencontré qui, pendant quinze ans, a travaillé, lutté avec persévérance contre toutes les difficultés que suscitent, en pareil cas, l'ignorance, l'envie, l'incrédulité, la malveillance, toutes les passions les plus mauvaises et les plus honteuses. Cet homme est M. Sauvage; c'est lui qui est l'inventeur de l'hélice, ou bien, si on veut le chicaner sur ce mérite, c'est M. Sauvage qui a le premier appliqué l'hélice à la navigation à vapeur; c'est lui qui, pour doter la France et le monde entier du fruit d'un travail opiniâtre, a mangé son patrimoine, et fait des dettes, pour lesquelles il a pu être incarcéré!

Le Gouvernement est venu au secours de M. Sauvage. Un des ministres lui a alloué, sur les fonds dont dispose son département, une somme annuelle de 2,000 francs; un autre y a ajouté 500 fr. L'invention de M. Sauvage n'est pas dans le domaine public; il est breveté, mais son brevet n'a plus que deux ans à durer. C'est une proie qu'attendent des industriels cupides, et qui, après n'avoir rapporté à son titulaire que peines et privations, va être, pour d'avides héritiers, une source féconde de richesses et d'honneurs. Ajoutons que M. Sauvage, ainsi victime de l'ingratitude nationale et de la spoliation privée, a poussé l'exagération du patriotisme jusqu'à refuser une somme considérable qu'on lui offrait en Angleterre, avec condition que jamais il n'appliquerait en France son système d'hélice!

Pas une seule voix ne s'est élevée contre l'hélice de M. Sauvage; elle a été, par tout le monde, au contraire, trouvée admirable; mais la troupe servile des copistes, des imitateurs, n'a pas tardé à venir avec ses prétendus perfectionnements. Ça été, depuis lors, à qui se serait écarté un peu plus, un peu moins, du modèle breveté, pour spolier M. Sauvage, pour récolter là où il a semé, pour commettre de tous les larcins celui qui doit paraître le plus ignoble; car, sans courir aucun des risques de la voie publique, on ne ruine pas moins un homme, on ne s'approprie pas moins ses dépouilles.

Celui-ci a doublé l'hélice, c'est l'anglais Smith ; un autre lui a donné une autre forme, c'est l'américain Erickson. Toutes les hélices tournent autour de l'hélice de M. Sauvage, qui persiste à dire que la sienne est la bonne, la plus simple, la moins coûteuse.

Retiré dans sa petite maison de Sainte-Adresse, cet homme, tout entier à son hélice, compte sur ses doigts les mécomptes de l'État, ceux du commerce; les sommes gaspillées, perdues, pour ne pas en venir à l'essai de son œuvre, à son hélice simple. Comme il se réjouissait, il y a quelques jours, d'une démonstration que le hasard est venu faire à l'appui de son système.

Un petit bateau à vapeur, l'*Ariel*, avait une hélice double. En sortant de Pont-Audemer, ce navire reçut une forte secousse, dont la cause ne fut connue qu'à son arrivée au Havre; c'était la deuxième aile de l'hélice, celle qu'on ajoute à ce propulseur pour qu'il ne ressemble pas au propulseur breveté de M. Sauvage, et, par conséquent, pour ne pas payer une redevance au brevet, c'était cette aile inutile qui, en route, avait été détachée de l'arbre. Le bateau n'avait pas perdu un demi-nœud de sa marche pour cela; au contraire, on crut remarquer plus d'agilité, plus de régularité dans ses mouvements!

Au moment où l'hélice devient d'un usage si universel, où il va probablement être question bientôt d'organiser de grands services d'utilité publique, où a sonné l'heure de donner à la France une flotte marchande à vapeur, susceptible en temps de guerre de fournir à l'armée navale ces vapeurs-transports dont les officiers généraux de notre marine s'accordent à prédire l'utilité; à ce moment, en bonne conscience, le gouvernement ne devrait-il pas escompter à M. Sauvage, les deux années que son brevet doit vivre encore, avant de tomber dans le domaine public, sans qu'il n'en ait retiré d'autre fruit qu'une aumône ministérielle de 2,500 francs par an?

Ce serait, du reste, d'une seule pierre, faire deux excellents coups.

Premièrement, le public aurait tout de suite, et fort à propos, la jouissance d'une combinaison aussi ingénieuse qu'utile à l'intérêt général et dont les avantages profiteraient à l'État, comme à l'industrie privée;

Deuxièmement, on récompenserait dignement, de ses pénibles travaux, un homme auquel est due, en définitive et quoi qu'on fasse, la venue de l'hélice appliquée à la navigation à vapeur. M. Sauvage a, en outre, la prétention, que des hommes compétents disent fondée, d'être à présent encore l'auteur du système d'hélice le plus puissant, et le plus simple en même temps, de tous ceux que les plagiaires ont produits.

LETTRE de Frédéric Sauvage au Rédacteur du
Courrier du Havre.

Sainte-Adresse, 12 novembre 1845.

Monsieur le rédacteur,

Je viens de lire le récit de l'événement arrivé au *Great-Britain*, paquebot transatlantique, dont, à ce qu'on dit, l'*hélice* s'est brisée en partie, à moitié route; on en conclut nécessairement que l'hélice a de graves inconvénients et *qu'il faut se garder de dire son dernier mot sur ce propulseur.*

On a raison ; car des propulseurs aussi fragiles et d'aussi peu d'efficacité que ceux qui sont appliqués au *Great-Britain* et à tant d'autres sont, en effet, à répudier.

Mais, Monsieur le rédacteur, le propulseur appliqué à ces navires n'est point une *hélice*. Je ne revendique point l'honneur de l'invention du propulseur Erickson appliqué au *Great-Britain*, et je trouve essentiel qu'on ne confonde pas ce propulseur, ni d'autres, avec le mien. Au contraire, j'ai signalé avec énergie les dangers du propulseur Erickson, et l'événement arrivé au *Great-Britain* est une démonstration nouvelle de la justesse de mes remarques et des vices de ce système. Le propulseur Erickson est composé de neuf palettes montées sur un tambour, et chacun doit comprendre aisément qu'un tel mécanisme ne peut avoir ni l'efficacité, ni la solidité de l'hélice tournant autour d'un axe. On se figurerait difficilement, sans l'avoir vu, ce que le propulseur Erickson a de monstrueux, si surtout on le compare à la légèreté de l'hélice simple. On se convaincra aisément ensuite, que l'énorme diamètre de la vis Erickson exige une grande différence de tirant d'eau, et que, dans les échouages, tout le système est en péril.

Votre remarque est fort juste, Monsieur le rédacteur, et tombe d'aplomb sur les prétendus perfectionneurs de l'hélice. Le public, qui n'entend prononcer que le mot d'*hélice*, ignore si c'est mon hélice telle que j'entends l'appliquer, ou si c'est mon hélice, mais DIVISÉE, qu'on emploie. Il est bon que je redise, afin qu'on ne le perde pas de la mémoire, et qu'il n'y ait plus confusion dans l'esprit à ce sujet, que jusqu'ici, contre mon opinion, contre mes démonstrations, contre la raison, et par des considérations que je laisse apprécier du public, ce n'est point mon hélice *simple*, mais mon hélice *divisée* soit en deux, soit en trois et même en quatre, qu'on a employée. Or, j'ai toujours dit, et je l'ai même écrit dans le temps à M. le Ministre de la marine, qu'on n'obtiendrait de succès complet qu'en appliquant une hélice *simple* de chaque côté, placée dans la *coulée* du navire et tournant l'une sur l'autre, de telle sorte qu'elles repoussent toujours les objets qu'elles pourraient rencontrer.

Ce système, qui offre une si grande sécurité, peut surtout, avec l'emploi de la machine accélérée de nos habiles mécaniciens, MM. Mazeline frères, qui permet de communiquer la force directement, c'est-à-dire sans recourir aux engrenages, ce système, dis-je, peut, avec la plus grande facilité, être appliqué comme auxiliaire aux bâtiments à voiles, quoiqu'en dise le *Journal du Havre*, dont en une telle matière je conteste la compétence.

Agréez, etc.

FRÉDÉRIC SAUVAGE.

EXTRAIT du *Courrier du Havre*, année 1845.

Le vent de la navigation à vapeur est aux hélices; on ne veut plus que des hélices pour les substituer aux roues, et chacun fabrique la sienne à sa façon. Nous persistons toujours à demander pourquoi l'hélice de M. Sauvage n'est pas essayée?

On nous a assuré que nos habiles mécaniciens, MM. Mazeline frères, étaient décidés à un essai de cette hélice-Sauvage, mais on ajoutait que M. Sauvage, lui-même, s'opposait à l'expérience. Le vif désir que nous avons de voir se réaliser les perfectionnements de tout genre qu'attend encore la marine à vapeur, nous a porté à nous enquérir de la réalité du fait reproché à M. Sauvage, et nous avons obtenu de lui les explications suivantes :

« Monsieur le rédacteur, on vous a dit que je m'étais opposé à l'application, au bateau l'*Ariel*, de MON HÉLICE, l'hélice simple. Je dois expliquer le motif qui m'a réellement fait prier MM. Mazeline frères d'arrêter les dispositions qui concernent cette hélice. On ne peut juger de l'effet d'un propulseur simple ou fractionné que par des expériences faites dans les mêmes conditions. Ainsi, les petites dimensions de l'*Ariel* ne permettent pas d'installer deux hélices d'une manière convenable, les axes seraient de 10 centimètres plus élevés que celui des hélices qui ont été essayées, et l'emplacement trop étroit oblige à une multiplication d'engrenage. Ces difficultés disparaissent si le moteur transmet le mouvement de la même manière pour les diverses expériences qui doivent prononcer sur le besoin qu'on a ou qu'on n'a pas, de fractionner l'hélice.

» MM. Mazeline frères m'ont toujours témoigné le plus vif intérêt; ils ont été témoins de mes expériences en 1832, et mieux que personne ils doivent comprendre l'acharnement des plagiaires qui ne visent qu'à dénaturer mon système et passer à côté de mon brevet. On m'a cru atteint d'aliénation mentale, quand j'ai prétendu remplacer les roues par les hélices. Aujourd'hui tout le monde veut faire des hélices; mais c'est toujours mon procédé plus ou moins dénaturé. Je me borne à demander, pour savoir enfin qui a tort ou raison, que les expériences soient faites telles que je les demande.

F. SAUVAGE.

EXTRAIT du *Courrier du Havre*, du 26 novembre 1845.

LA VIS ERICKSON. — L'HÉLICE.

Au nombre des questions d'intérêt général qu'il faut examiner sans haine et sans passion, surtout sans aucun sentiment de rivalité internationale ou de jalousie individuelle, on doit mettre au premier rang tout ce qui concerne la navigation à vapeur, encore à l'enfance, et où chaque jour peut amener un changement. La substitution de l'hélice aux roues est surtout une innovation d'autant plus à étudier qu'elle permet davantage de

combiner ensemble les deux puissantes forces motrices à l'aide
desquelles on traverse l'Océan : la voile et la vapeur, soit que
l'une ou l'autre devienne force principale ou force auxiliaire.

Comment se fait-il qu'en France, où l'application de l'hélice à
la vapeur a pris pour ainsi dire naissance, on s'obstine à ne pas
faire usage, à ne faire aucun essai de l'hélice telle que l'inventeur l'a présentée, telle qu'il la recommande, comme la seule
bonne, la seule qui puisse offrir les garanties de solidité et de vitesse dont on a tant besoin dans cette navigation? Il y a d'autant
plus à s'étonner de la persistance avec laquelle on tourne autour
de l'hélice-Sauvage, que toutes les petites supercheries à l'aide
desquelles on a essayé d'échapper au brevet d'invention, ont été
sans bon résultat et ont occasionné, soit à la caisse publique, soit
à l'industrie privée, d'inutiles dépenses.

Les armateurs du *Great-Britain* sont certains aujourd'hui de
l'impossibilité de conserver la confiance des passagers et celle des
expéditeurs de marchandises, s'ils ne substituent pas un autre
propulseur à celui dont ils se servent, et qui, à chaque voyage,
jusqu'à présent, a révélé des inconvénients nouveaux. Le monde
entier est attentif aux expériences que fait ce navire, dont aucun
journal, occupé d'autre chose que la réforme électorale et M. Thiers
ou M. Guizot, ne néglige de parler, à son départ d'Europe, comme
à son arrivée d'Amérique. Pourquoi ne ferait-on pas, sur ce co-
losse, l'expérience que M. Sauvage demande, qu'il sollicite, qui
est toute sa pensée pendant le jour, et son rêve de la nuit? Il ne
doute pas que deux hélices simples, placées, sur chaque côté, à
l'arrière du *Great-Britain*, n'imprimassent à ce bâtiment une vitesse qu'aucun autre navire n'atteindrait à la mer. L'expérience
ne serait pas fort coûteuse, et dût-elle ne pas réussir, le *Great-
Britain* n'en serait pas plus mal noté qu'il ne l'est aujourd'hui
dans l'opinion publique, après ses premières tentatives de voyages
transatlantiques.

Le journal le *Times* a textuellement copié le livre de bord du
capitaine Hosken, concernant la dernière traversée que vient de
faire le *Great-Britain*. M. Sauvage nous écrit, au sujet de cette
publication, la lettre suivante :

« Monsieur le rédacteur, je viens réclamer de votre obligeance
l'insertion de quelques observations nouvelles au sujet de la vis
Erickson. Comme on ne s'est pas borné, depuis quelques années,
à tronquer mon hélice, mais qu'en plusieurs rencontres on a
donné, à mon grand préjudice, la préférence aux propulseurs Erickson, nous avons, le public et moi, un grand intérêt à constater,
à reconnaître tous les inconvénients de ce système.

» J'ai déjà fait pressentir tout ce qu'il y avait de défectueux, à
combien de dangers il exposait un navire; mais on a tenu peu
compte de mes arguments; j'en attendais de meilleurs et de plus
convaincants. J'ai dû, pour me faire du public un juge impartial
et éclairé, attendre de la pratique les preuves palpables des erreurs
ou de la mauvaise foi de quelques-uns des prôneurs de ce système.

» On se rappelle que le *Great-Britain*, qui est muni de ce propulseur, a eu un échouage à supporter, dans sa traversée de Liver-

pool à New-York. J'ignorai, comme tout le monde ici, la gravité des avaries que ce navire ou son propulseur avait éprouvées ; je me bornai à dire que cette machine, placée entre deux étambots, devait nécessairement souffrir en de telles circonstances ; or il est avéré aujourd'hui que cet événement, qui n'a d'ailleurs aucunement endommagé le navire, a cependant brisé, en partie, son propulseur.

» Le rapport de mer que j'ai sous les yeux remonte au 18 octobre. Le *Great-Britain* était alors à New-Yorck, où on l'introduisit dans le dock, pour le visiter. On trouva que sa machine, sur trois bras qu'elle possède, en avait deux de cassés au ras de l'axe ; qu'une des palettes avait été enlevée, et que la presque totalité des boulons était partie.

» Après les réparations nécessaires, le navire reprit la mer le 28 octobre ; tout alla parfaitement jusqu'au 30, onze heures du soir. A ce moment, on s'aperçut qu'il était arrivé quelque chose d'*extraordinaire* au propulseur ; c'était un de ses bras qui venait de se briser et qui frappait l'étambot avec une grande force. Après deux ou trois nouvelles secousses très-violentes, la partie brisée se détacha tout à fait. On modéra la vapeur, et le navire continua sa route en s'aidant de ses voiles, parce que le vent le permettait, heureusement. Il filait de sept à neuf nœuds, et on marcha ainsi jusqu'au mercredi 1er novembre. Ce jour-là, le malheureux propulseur perdit encore un bras, de sorte qu'il ne lui en restait plus qu'un : on se mit en devoir d'y faire quelques réparations, au moyen d'une pièce qu'on ajouta au fragment qui était resté de l'un des bras cassés.

» On mit dehors le plus de toile qu'il fut possible, en ne faisant fonctionner le propulseur que juste ce qu'il fallait pour qu'il ne fît point résistance et ne ralentît point la marche du navire que poussait un vent favorable et qui filait, en cet état, dix nœuds à l'heure.

» Le vent ayant varié, on se servit du propulseur qui fit alors, dit le rapport, de véritables miracles, eu égard, sans doute, aux avaries qu'il avait éprouvées. Il fit filer, par moment, quatre nœuds au navire, contre une brise fraîche et une mer très-houleuse.

» Mais le rapport ajoute, qu'à cinq heures et un quart environ après-midi du 7, le bras qui restait au propulseur, se brisa, n'en laissant plus que la moitié d'un, et une petite fraction d'un autre, brisé à deux pieds environ du centre. On ralentit la vapeur autant qu'on le put et on navigua toute la nuit suivante avec l'aide d'une brise de la partie de l'ouest.

» C'est en cet état que du 7 au 17, jour de son arrivée, le *Great-Britain* naviguait : n'ayant plus à la remorque que des vestiges d'un propulseur.

» Je n'ai rien à ajouter à des faits de cette éloquence. Si je n'avais été guidé que par l'intérêt ou par l'amour-propre, j'eusse pu, depuis longtemps, me prévaloir des mécomptes éprouvés, en France, par suite de l'application de ce système, mais je ne veux m'armer que des titres livrés à la publicité.

» On peut *donc dire son dernier mot* sur ce système, et celui-ci enterré, on se retourne vers l'hélice. Je vais me borner à deux ou trois remarques sur les applications qui en ont été faites.

» Quand j'ai autorisé l'emploi de mon propulseur, j'ai nécessairement compris qu'on appliquerait l'hélice *simple*, telle qu'elle est décrite en mon brevet. Mais on a imaginé, je cherche encore par quelles considérations, de la mutiler, c'est-à-dire de la mettre en plusieurs fractions. Or, plus on la fractionne, plus elle perd de sa puissance. C'est la même chose que si on fendait en deux ou en trois les ailes d'une mouche, prétendant qu'avec six elle doit voler mieux qu'avec quatre, ou avec quatre mieux qu'avec les deux que la nature lui a données.

» Le *Napoléon* a son hélice en trois sections, et il n'a donné que des résultats médiocres; un autre bateau, l'*Industrie*, a été également, et avec mon autorisation, pourvu d'une hélice; mais ici on a mieux fait encore; on l'a divisée en quatre, et le bateau ne marche pas, d'où le public infère que l'hélice est sans puissance.

» J'ai trop usé ma vie à ces luttes, trop épuisé mes ressources à ces travaux, pour faire aujourd'hui ce par quoi j'aurais dû commencer, c'est-à-dire une application en grand; c'est une satisfaction que j'attendais de l'équité de quelques hommes, chez lesquels l'ambition ou une détestable vanité a étouffé le sentiment de la reconnaissance.

» D'ici à quelques années, cependant, on ne se servira point d'autre propulseur que le mien, qui réunit toutes les conditions de puissance et de sécurité désirables, et j'en suis encore à me demander si, pour prix de tant de sacrifices, d'un service si réel rendu au pays, je ne recueillerai que des chagrins.

» Signé : SAUVAGE. »

LETTRE de F. Sauvage au Rédacteur du *Courrier du Havre*.

AU RÉDACTEUR.

Havre, le 7 janvier 1846.

Monsieur le rédacteur, j'avais hier recours à votre obligeance pour prouver la fausseté d'une assertion qui ne tendait qu'à discréditer mon hélice. Aujourd'hui c'est pour maintenir mes droits sur la priorité de cette application utile à la marine. Ce qu'on méprisait hier, on vient me le disputer aujourd'hui.

M. Chopin, rue Beaubourg, à Paris, a réclamé, il y a quelque temps, pour son beau-père, M. Dallery, par la voie d'un journal, l'honneur de la découverte. M. Chopin est plus âpre que moi à la curée, car ni lui, ni moi, n'avons rien inventé du tout en matière d'hélice; ce mérite appartient à la nature; seulement je pense qu'on ne peut me disputer le simple mérite de l'avoir utilisée et de l'avoir appropriée à la navigation.

M. Chopin prétend que M. Dallery a fait, en 1803, des applications sur des bateaux à vapeur. Il me fait là une querelle du loup à l'agneau; car, à cette époque, les bateaux à vapeur, en France, n'étaient pas nés.

M. Dallery est mort en 1835, trois ans après la date de mon brevet; il n'a jamais fait de réclamation, c'est que probablement il avait compris l'insuffisance de son invention. Or, 29 ans après cette prétendue découverte, M. Chopin vient déclarer ses prétentions! Il ignore, sans doute, que Franklin, pendant son séjour à Paris, fit des expériences sur la Seine, avec un bateau à hélice (*c'était, je pense, avant* 1803).

En 1727, Duquet avait fait usage de l'hélice pour remonter les fleuves.

En 1746, Dubost l'avait substituée aux roues des moulins.

En 1768, Paucton l'avait appliquée à la propulsion des navires, en employant l'équipage comme moteur.

En 1792, le général Meunier l'a appliquée aux ballons.

Maintenant qu'il est démontré que M. Dallery n'a pas inventé l'hélice, ni moi non plus, comparons les moyens que nous avons, l'un et l'autre, employés pour l'utiliser dans les conditions les plus convenables.

Ma première idée fut de renfermer, par une paroi hélicoïde, l'espace que parcourt une godille qui fonctionne sur un angle de 45°, cela forme l'S, la lettre initiale de mon nom, et une hélice d'un diamètre égal à sa longueur. Le pas de l'hélice Dallery est à son diamètre comme 1 à 1,85, c'est-à-dire d'une longueur presque moitié de la mienne. Il est évident que si on suppose une godille dans le milieu d'une telle surface, elle se trouvera dans une position à peu près perpendiculaire, et son action sera peu sensible.

On m'a longtemps opposé l'hélice décrite dans *Tregold*, qui a pour longueur cinq fois son diamètre; elle a le défaut contraire de celle de M. Dallery, car la godille serait, à peu de chose près, dans une position horizontale, ce qui revient au même.

M. Chopin, qui prétend que je suis arrivé un peu trop tard, ne pense-t-il pas que monsieur son beau-père aurait dû arriver un peu plus tôt?

Agréez, etc.

F. SAUVAGE.

Abbeville. — Imp. de T. Jeunet, rue Saint-Gilles, 108.

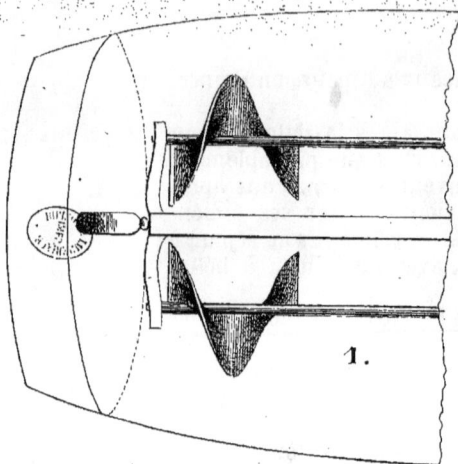

1.

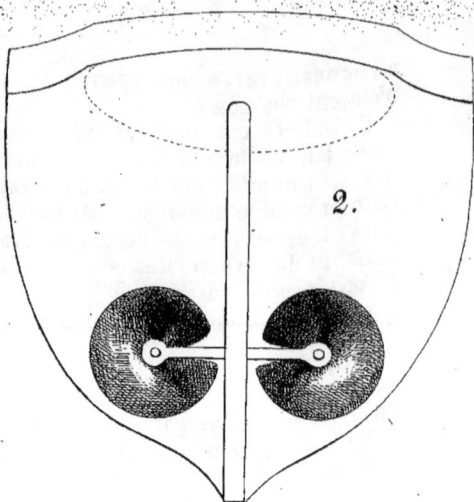

2.

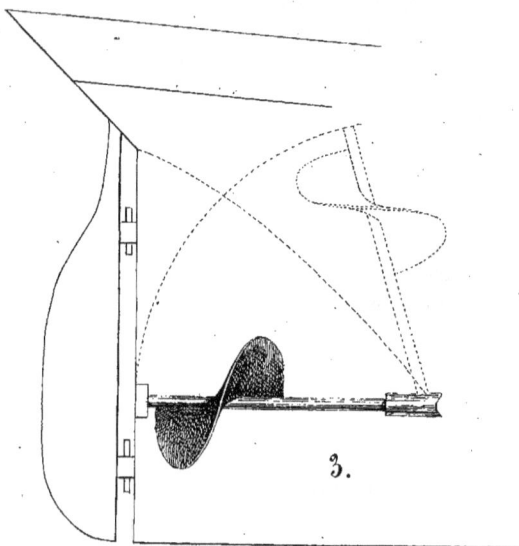

3.

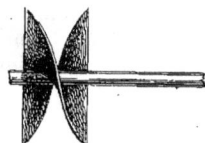

Hélice smith.

1,2,3, Hélices F. Sauvage, vues de trois cotés.

Hélice en deux.

Hélice en trois.